JEPHTÉ,

TRAGÉDIE,

TIRÉE DE L'ÉCRITURE-SAINTE;

REPRÉSENTÉE,

POUR LA PREMIERE FOIS,

PAR L'ACADEMIE-ROYALE

DE MUSIQUE,

Le 4 Mars 1732; pour la seconde fois, le 26 Février 1733, pour la troisieme, le 4 Mars 1738:

Et remise au Théâtre le Vendredi 6 Février 1761.

PRIX XXX. SOLS.

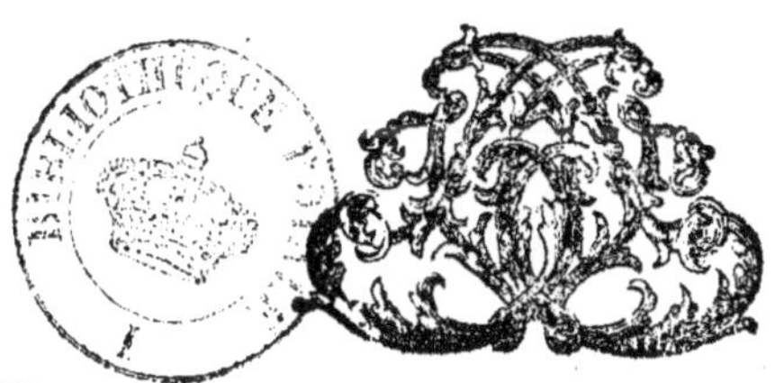

AUX DÉPENS DE L'ACADÉMIE.

A PARIS, Chés DE LORMEL, Imprimeur de ladite Académie, rue du Foin, à l'Image Sainte Genevieve.

On trouvera des Livres de Paroles à la Salle de l'Opera.

M. DCC. LXI.

AVEC APPROBATION ET PRIVILEGE DU ROI.

Les Paroles sont de feu Monsieur l'Abbé PELLEGRIN.

La Musique est de feu Monsieur MONTECLAIR.

PRÉFACE.

CE n'a pas été ſans trembler, que j'ai entrepris de mettre ſur le Théâtre de l'Académie-Royale de Muſique, un Sujet tiré de l'Ecriture-Sainte. Des Amis judicieux avoient beau me repréſenter que ce genre de Tragédie n'étoit nouveau que par rapport au Lieu où j'allois l'introduire, & que ces Matieres reſpectables étoient encore plus propres au Chant qu'à la ſimple déclamation; j'avois la prévention à combattre, & la prévention ne ſe donne pas la peine de raiſonner.

Ceux qui ſe livroient le plus à cette premiere ſurpriſe qui fait condamner aveuglément tout ce qui porte un caractere de nouveauté, ou de hardieſſe, me faiſoient ſur-tout, un monſtre de la Danſe : tout cela ne m'empêcha point d'affronter le péril; la gloire qui y étoit attachée le diminuoit à mes yeux, à meſure que j'avançois dans une ſi pénible carriere.

Mon Ouvrage parut enfin. Les premiers Juges à qui je le préſentai, tout informe qu'il étoit encore, me louerent d'avoir choiſi un Sujet auſſi intéreſſant que le Sacrifice de JEPHTÉ; & les larmes qu'une grande Princeſſe * répandit à une lecture qu'Elle m'avoit fait l'honneur de me demander, acheverent de me raſſurer.

Quelques autres lectures que j'en fis après, ne furent pas moins heureuſes, & me firent concevoir quelque eſpérance du ſuccès. C'eſt maintenant au Public de confirmer cette eſpérance, ou de la renverſer. Je n'appellerai point de ſa déciſion; mais, je crois que mes Juges voudront bien me permettre de leur expoſer ma Cauſe, ſans toutefois m'imputer aucune défiance ſur la ſûreté de leurs lumieres.

* S. A. S. Madame la Ducheſſe DU MAINE.

Je ne dirai rien du Prologue, les suffrages réunis de ceux à qui j'en ai communiqué le Plan, me dispensent de l'apologie.

Les libertés que j'ai prises dans la Tragédie, demandent plus d'indulgence ; l'Episode d'Ammon peut exciter quelque contradiction ; mais je n'ai pas ôsé bannir tout-à-fait l'amour profane d'un Théâtre, qui semble n'être fait que pour cette passion frivole. Le grand Corneille ne fut pas moins timide que moi, quand il exposa pour la premiere fois, une Tragédie Sainte aux yeux du Public étonné ; & Severe amoureux eut autant de Partisans, que Polieucte martyr.

L'amour que je donne à la Fille de Jephté pour un Prince idolâtre est justement puni par le péril dont elle est menacée ; & ce n'est qu'après en avoir triomphé, qu'elle trouve grâce devant le Seigneur.

J'établis dès la seconde Scêne du premier Acte, que Jephté n'a vu Iphise que dans l'âge le plus tendre, pour me ménager une Scêne de reconnoissance.

C'est ici le lieu de répondre à une objection qu'on m'a faite. Pourquoi, m'a-t-on dit, Iphise dans l'entre-Acte du second au troisieme ne s'est-elle pas annoncée à son Pere ?

Je réponds à cela que la bienséance ne lui permettoit pas de se faire connoître à Jephté, sans lui être présentée par Almasie sa Mere ; & c'est pour cette raison que je lui fais dire dans un *à parte*, qui finit le second Acte : c'est à Dieu qu'elle s'adresse :

Je ne puis résister à mon impatience.
Seigneur, un seul moment, je ne veux que le voir,
Et je vole où m'appelle un plus sacré devoir.

C'est-à-dire, au Temple, où sa Mere l'a devancée.

Voici une seconde réponse à la même objection.

Jephté, agité de remords à la premiere vue de sa Victime, qu'il ne connoît pas, ordonne à tout le monde de se retirer : n'est-ce pas à sa Fille à donner l'exemple de l'obéïssance qu'on doit aux ordres de son Souverain ?

Je conviens qu'il n'auroit tenu qu'à moi de placer la reconnoissance à la fin du second Acte ; mais j'ai craint de le surcharger de Scênes. Il y a une certaine mesure de tems, dans laquelle un Auteur doit se renfermer, s'il ne veut s'expôser à ennuyer les Spectateurs.

Pour ce qui regarde le Ballet, dont on faisoit un obstacle insurmontable, je ne comprens pas sur quoi on pouvoit se fonder, pour l'exclure de ma Tragédie. L'art de danser n'est-il pas de tous les tems, & ne convient-il pas à tous les peuples ? La Nation Juive ne s'y adonnoit-elle pas autant que toutes les autres ? David, le plus saint des Rois, ne dansa-t-il pas devant l'Arche du Seigneur ; comme font mes Gerriers dans mon premier Acte ? La Fille de Jephté n'alla-t-elle pas au devant de son Pere, Vainqueur des Ammonites, avec des Tambourins & des Danses ? Ce sont-là les propres termes de la Sainte-Écriture ; peut-on me blâmer d'y avoir pris la Fête de mon second Acte ? Pouvois-je mieux être autorisé ? Les Tribus d'Israël, reconnoissant Jephté pour leur Souverain, peuvent-elles marquer avec plus d'éclat les acclamations générales, que par ces mêmes Danses, qui, chés d'autres Peuples, ont été des Cérémonies de Religion ? Je ne dirai rien de la Fête du quatrieme Acte ; elle est compôsée de Bergers & de Bergeres qui viennent rendre hommage à leur Princesse : quoi de plus naturel que leurs Danses pastorales ? Au reste, on a pris soin d'en bannir l'indécence ; & je ne crois point que les plus séveres Censeurs en puissent demander davantage.

Ce qui me reste à justifier dans ma Piece, c'est le parti que j'ai pris de sauver la Fille de Jephté : mais combien d'Interprêtes, tant Juifs que Chrétiens, ne sont-ils pas du sentiment que j'ai adopté, comme le plus favorable à ma Tragédie. D'ailleurs l'inspiration que je donne à Phinée, ne suffit-elle pas pour absoudre ce malheureux Pere, d'un serment qu'il n'a fait que par trop de zele ? C'est Dieu même qui le quitte de son Vœu, en faveur du repentir de sa Fille.

ACTEURS CHANTANTS

DANS LES CHŒURS.

CÔTE' DU ROI.

Mesdemoiselles.	*Messieurs.*
Letourneur.	Lefevre.
La croix.	Le Page.
Durand.	Durand.
Fontenet.	Delvaux.
Delor.	Scelle.
Roublot.	Rose.
St Aubin.	Robin.
Héry.	Antheaume.
	Parant.

CÔTE' DE LA REINE.

Mesdemoiselles.	*Messieurs.*
D'alliere.	S. Martin.
Massont.	Albert.
Salaville.	Jaubert.
Lachantrie.	L'Écuyer.
L'étienne.	Tourcaty.
Leger.	Chappotin.
Villenfin.	Favier.
	Feret.
	Du Perrier.
	Boy.
	Laurent.

PERSONNAGES
DU PROLOGUE.

APOLLON,	Mr. Desentis.
POLHIMNIE,	Mlle. Chefdeville.
VÉNUS,	Mlle. Villette.

TROUPE DE DIVINITÉS *fabuleuses.*

TROUPE DE PEUPLES.

LA VÉRITÉ,	Mlle. Dubois.

VERTUS, *de la Suite de la* VÉRITÉ.

La Scêne est sur le Théâtre de L'ACADÉMIE-ROYALE DE MUSIQUE.

DIVERTISSEMENT

DU PROLOGUE

TERPSICORE.

Mlle. DUMONCEAU.

SUIVANTS & SUIVANTES

DE TERPSICORE.

Mlle. CARVILLE.

M[rs]. Grosset, Cezeron, Gougi, Valentin, Mercier, Sionet.

Mlles. Basse, Bocard, l., Saron, Julie, Agoussi, Buard.

PROLOGUE.

Le Théâtre représente un lieu destiné pour des Spectacles; toutes les DIVINITÉS *fabuleuses y sont assemblées.*

SCENE PREMIERE.

APOLLON, POLHIMNIE & VÉNUS, *s'avançant sur le devant du Théâtre*, CHŒUR.

LE CHŒUR.

BEAUX lieux, où notre gloire éclate,
Faites-nous, à-jamais, régner sur les mortels;
Que la douce erreur qui les flate,
Dans leurs cœurs enchantés nous dresse des autels.

APOLLON.

Vous, qu'avec Apollon, en ces lieux on adore,
Savante Polhimnie, aimable Terpsicore,

Par vos chants, par vos jeux, secondés mes desirs;
Ce Temple seul nous reste encore;
Fesons-y régner les plaisirs.

APOLLON, POLHIMNIE, VÉNUS.

Qu'à nos justes vœux tout réponde;
Mortels, accourés en ces lieux:
Le soin le plus pressant des Dieux
C'est la félicité du monde.

SCENE II.

LES ACTEURS *de la Scène précédente.*

Les Peuples s'assemblent pour voir le nouveau Spectacle, TERPSICORE & SA SUITE *dansent.*

VÉNUS.

Rïés sans-cèsse
Pendant la jeunesse;
Que la raison
Attende sa saison.

LE CHŒUR.

Rïons sans-cèsse
Pendant la jeunesse;

Que la raiſon
Attende ſa ſaiſon.

VÉNUS.

Non, le bel âge
N'eſt pas fait pour être ſage ;
Suivés vos deſirs,
Livrés-vous aux plaiſirs.

LE CHŒUR.

Non, le bel âge
N'eſt pas fait pour être ſage ;
Suivons nos deſirs,
Livrons-nous aux plaiſirs.

On danſe.

VÉNUS.

Un cœur tendre
Doit ſe rendre,
Quelque jour,
Au Dieu d'Amour :
Un cœur tendre
Doit ſe rendre
Aux plaiſirs d'un doux retour.

Se défendre,
C'eſt attendre

Le moment
Qu'un amant
Sait nous ſurprendre.

Un cœur tendre
Doit ſe rendre,
Quelque jour,
Au Dieu d'Amour :
Un cœur tendre
Doit ſe rendre
Aux plaiſirs d'un doux retour.

Sans prétendre
Nous apprendre
Son ardeur,
Ses regards, ſa langueur
Nous font entendre
Qu'un cœur tendre
Doit ſe rendre,
Quelque jour,
Au Dieu d'Amour :
Un cœur tendre
Doit ſe rendre
Aux plaiſirs d'un doux retour.

On danſe.

VÉNUS.

Dans ces beaux lieux on ne reſpire
Que les plaiſirs, les ris, les jeux;
L'Amour y tient ſon doux empire:
Soyés heureux,
Il prévient vos vœux.

LE CHŒUR.

Dans ces beaux lieux, &c.

VÉNUS.

Ce Dieu charmant ſemble vous dire
Que tous vos ans
Ne ſont qu'un printems.

LE CHŒUR.

Dans ces beaux lieux, &c.

VÉNUS.

Ne faut-il pas chanter & rire,
Pendant le cours
Des plus beaux jours?

LE CHŒUR.

Dans ces beaux lieux, &c.

(*Après les danſes, on entend une douce ſimphonie.*)

APOLLON, POLHIMNIE, VÉNUS.

De quels nouveaux concerts ces voûtes retentissent ?
Nos chants sont moins harmonïeux ;
D'où vient que ces lieux s'obscurcissent ?
Quel éclat fait briller les Cieux ?

(Le Théâtre s'obscurcit, à mesure que le Ceintre s'éclaire.)

(La VÉRITÉ *descend du Ciel, au bruit d'une harmonieuse simphonie.)*

SCENE III.

LA VÉRITÉ, *les* VERTUS *qui l'accompagnent, & les* ACTEURS *de la Scène précédente.*

LA VÉRITÉ.

PHantômes séduisants, enfants de l'imposture ;
Osés-vous soutenir ma clarté vive & pure ?
Cachés-vous dans l'obscurité,
Où mon brillant aspect vous plonge :
Il est tems que la Vérité
Fasse évanouïr le mensonge :
C'est trop abuser l'univers ;
Rentrés dans les enfers.

CHŒUR des DIVINITÉS fabuleuses.

Nous bannir de ces lieux ! quel mépris ! quel outrage !

LA *VÉRITÉ.*

Obéïssés.

LE *CHŒUR.*

O dèsespoir ! o rage !

(*Les DIVINITÉS fabuleuses s'abîment.*)

SCENE IV.

LA VÉRITÉ, & *sa* SUITE.

LA *VÉRITÉ.*

TRoupe, immortelle comme moi,
Vertus, ornés ces lieux pour un nouveau spectacle:
Annoncés aux mortels la redoutable loi
Du Dieu seul dont je suis l'oracle.
Retirés du tombeau le malheureux Jephté ;
Rappellés son vœu téméraire ;
Au soin d'instruire, ajoûtés l'art de plaire ;
Vous pouvés adoucir votre sévérité :
Mais qu'aucun faux-brillant n'altere
La splendeur de la Vérité.

LE *CHŒUR.*

Trïomphés, Vérité conſtante,
Régnés, à-jamais, en ces lieux;
Diſpenſés aux mortels la lumiere éclatante
Que vous leur apportés des Cieux.

LA *VÉRITÉ.*

Un Roi qui me chérit, dès l'âge le plus tendre,
Fait ſon unique ſoin de marcher ſur mes pas:
Il veut qu'en ces heureux climats,
Ma ſeule voix ſe faſſe entendre.

Qu'il trïomphe par moi, quand je regne par lui;
Que la Terre, le Ciel, qu'à-l'envi tout conſpire
A faire fleurir un Empire,
Dont je ſuis le plus ferme appui.

LE *CHŒUR.*

Trïomphés, Vérité conſtante,
Régnés, à-jamais, en ces lieux;
Diſpenſés aux mortels la lumiere éclatante,
Que vous leur apportés des Cieux.

FIN DU PROLOGUE.

ACTEURS

ACTEURS
DE LA TRAGÉDIE.

JEPHTÉ, *Prince de Galaad, Chef des Hébreux,*	Mr. Gélin.
PHINÉE, *Grand-Prêtre,*	Mr. Larrivée.
AMMON, *Prince Ammonite, Prisonnier,*	Mr. Pillot.
ALMASIE, *femme de Jephté,*	Mlle. Chevalier.
IPHISE, *fille de Jephté, & d'Almasie,*	Mlle. Arnoud.
ÉLISE, *Suivante d'Iphise,*	Mlle. Villette.
ABDON, *Confident de Jephté,*	Mr. Muguet.
ABNER, *Confident d'Ammon,*	Mr. Desentis.

TROUPE *de* GUERRIERS, *de* PRESTRES *& de* LÉVITES.

TROUPE *d'Habitants de* MASPHA.
CHEFS DE TRIBUS.

UN HABITANT,	Mr. Jaubert.

TROUPE *de* BERGERS, *de* BERGERES, *& de* COMPAGNES *d'*IPHISE.

La Scêne est à MASPHA, Capitale de GALAAD.

PERSONNAGES DANSANTS
DE LA TRAGÉDIE.

ACTE PREMIER.

GUERRIERS.

M^r^. LAVAL.

M^rs^. HYACINTHE, GARDEL.

M^rs^. Lelievre, Levoir, Trupty, Hamoche, Leger, Rogier, l., Rogier, c., Mercier.

ACTE DEUXIEME.

ISRAÉLITES.

Mr. LANY. Melle. LYONNOIS.

Melle. VESTRIS.

Mrs. Béate, Groffet, Cezeron, Gougi, Valentin, Mercier.

Melles. Chaumard, Demiré, Ray, Lacour, Saint-Félix, Julie.

ACTE TROISIEME.

CHEFS DES TRIBUS.

Mr. GARDEL.

Mrs. HYACINTHE, LEGER.

Mr. LYONNOIS.

Mrs. Lelievre, Levoir, Trupty, Hamoche, Rogier, l. Rogier, c.

Melle. Lacour, Tételingre, Siane, d'Ornet, Saint-Félix, de Ferriere.

ACTE QUATRIEME.

BERGERS & BERGERES.

Melle. LANY.

M^rs^. BÉATE, GROSSET.

M^elles^. DUMONCEAU, CHEFDEVILLE.

M^rs^. Trupty, Leger, Cezeron, Gougi, Valentin, Mercier.

M^elles^. Chaumard, Demiré, Ray, Baſſe, Buard, Ledoux.

JEPHTÉ, TRAGÉDIE. TIRÉE DE L'ÉCRITURE-SAINTE.

ACTE PREMIER.

Le Théâtre représente le Camp des Israëlites en deçà du Jourdain. On découvre les Tentes des Ammonites au de-là du même Fleuve.

SCENE PREMIERE.

JEPHTÉ, seul.

RIvages du Jourdain, où le Ciel m'a fait naître,
Heureux, & mille fois heureux

Le jour qui vous rend à mes vœux !
Lieux chéris, c'eſt donc vous qu'enfin je vois paroître,
Après un éxil rigoureux ?

Rivages du Jourdain, &c.

Mais quel affreux ſpectacle
Vient frapper mes regards !
Les ennemis de Dieu, ſans crainte, ſans obſtacle,
Sur ces bords malheureux plantent leurs étendarts !
Que dis-je ? tout périt ſur ces ſanglantes rives ;
Je voïs, de toutes parts, nos Peuples diſperſés ;
Sous des Dieux étrangers nos Tribus ſont captives ;
Nos ſaints autels ſont renverſés !

SCENE II.

ABDON, JEPHTÉ.

ABDON.

SEigneur, notre mortelle crainte
Fait place à l'eſpoir le plus doux ;
Bientôt dans votre Camp vous verrés l'Arche ſainte.

JEPHTÉ.

O Ciel ! la victoire eſt à nous.

Après le plus mortel outrage,
Pour mon bonheur, tout ſemble enfin s'unir.
Tu ſais trop avec quelle rage
Des lieux de ma naiſſance on ôſa me bannir ;
Il fallut obéir, ſans pouvoir me défendre :
Heureux ! ſi ma famille eût pu ſuivre mes pas.
Mais l'amour paternel ne me le permit pas ;
Ma fille étoit encor dans un âge trop tendre.

ABDON.

La gloire de votre retour
Répare toutes vos diſgrâces :
Iſraël opprimé vous rappelle en ce jour,
Ses nombreuſes tribus vont marcher ſur vos traces.
La gloire de votre retour
Répare toutes vos diſgrâces.
Mais pourquoi dans ces lieux refuſés-vous de voir
Et votre épouſe, & votre fille ?

JEPHTÉ.

La gloire du Seigneur fait mon premier devoir ;
Nos tribus, mes ſoldats ſont toute ma famille.

ABDON.

Quoi ! l'amour ni le ſang ne vous peut émouvoir !

JEPHTÉ.

Dis plutôt que je me défie
D'un cœur trop promt à s'attendrir ?
Non, je ne veux rien voir, qui m'attache à la vie,
Quand, pour ſauver mon Peuple, il faut vaincre ou mourir.
On vient, j'apperçois le grand-Prêtre ;
Aſſemble nos guerriers ; cours : l'Arche va paroître.

SCENE III.

PHINÉE, JEPHTÉ.

PHINÉE.

JEphté, tout Iſraël va fléchir ſous vos loix,
Et la voix du Seigneur confirme notre choix.

JEPHTÉ.

Dieu deſcend juſqu'à moi du Trône de ſa gloire !
Que ſuis-je devant l'Éternel !
Se peut-il qu'un foible mortel !
Un ſeul moment occupe ſa mémoire ?

PHINÉE.

Il fait bien plus pour vous : on ôſe l'outrager ;
Il vous choiſit pour le venger.

La

La Tribu d'Éphraïm à ses loix est rebelle ;
Un Ammonite audacïeux
L'invite à se ranger du parti de ses Dieux.

JEPHTÉ.

Ah ! que plutôt cent fois.... nommés-moi l'Infidele.

PHINÉE.

Ammon.

JEPHTÉ.

Qu'entends-je ? Ammon ! ce fils du Roi cruël
Qui désole tout Israël ?
Quoi ? tout captif qu'il est, il rallume la guerre !
Éveille-toi, Dieu des Hébreux :
Périsse un sang si malheureux !
Hâte-toi d'en purger la Terre.

ENSEMBLE.

Viens ; répands le trouble & l'effroi
Sur les ennemis de ta gloire :
Dieu des Combats, remporte la victoire ;
Que la mort vole devant toi !

SCENE IV.

JEPHTÉ, PHINÉE, *Troupe de* GUERRIERS.

PHINÉE.

GUerriers, l'Arche terrible à vos yeux va pa
roître;
Soyés saisis d'un saint effroi;
De la Terre & des Cieux le redoutable Maître,
Dans son auguste sein a dépôsé sa loi;
Il y prononce ses oracles;
Il y fait briller ses miracles.

O gloire, o force d'Israël,
Ranime notre confiance;
Confirme, à-jamais, l'alliance
Qui nous unit à l'Éternel.

LE CHŒUR.

O gloire, *&c.*

PHINÉE.

Ennemis du Maître suprême,
Redoutés son couroux vengeur;
La Terre, l'Enfer, le Ciel même,
Tout tremble devant le Seigneur.

LE CHŒUR.

La Terre, l'Enfer, le Ciel même,
Tout tremble devant le Seigneur.

JEPHTÉ & PHINÉE.

Le Jourdain retourne en arriere ;
Le Soleil suspend sa carriere ;
La Mer désarme sa fureur,
En faveur d'un Peuple qu'il aime.

LE CHŒUR.

La Terre, l'Enfer, le Ciel même,
Tout tremble devant le Seigneur

JEPHTÉ & PHINÉE.

La bruyante Trompette, à l'égal du Tonnerre,
Brise les murs d'airain, jette les tours par terre,
Et déclare Israël vainqueur ;
Elle va porter la terreur
Chés l'Idolâtre qui blasphême.

LE CHŒUR.

La Terre, l'Enfer, le Ciel même,
Tout tremble devant le Seigneur.

(Bruit de Trompettes.)

PHINÉE.

Mais la ſainte Trompette ſonne ;
L'Arche approche ; que tout friſſonne.
Je la vois ; détournés vos prophanes regards.

(On voit deſcendre un Nuage lumineux, qui dérobe l'Arche-ſainte aux yeux des Iſraëlites, comme il arriva au tems de Moïſe.)

Quel nüage éclatant deſcend & l'environne ?
La gloire du Seigneur brille de toutes parts.

SCENE V.

JEPHTÉ, PHINÉE, *Troupe de* GUERRIERS, *de* PRÊTRES *&* *de* LÉVITES.

PHINÉE.

BAnniſſés l'effroi qui vous prèſſe ;
Le Ciel va combler vos deſirs :
Livrés vos cœurs à d'innocents plaiſirs ;
Faites tous éclater une ſainte allegreſſe.

On danſe.

PHINÉE.

Un doux eſpoir vous eſt permis ;
Ranimés votre ardeur guerriere ;
Marchés, courés, volés ; que tout vous ſoit ſoûmis :
Diſperſés, comme la pouſſiere,
Vos plus ſuperbes ennemis.

SCENE VI.

ABDON, & *les* ACTEURS *de la Scêne précédente.*

ABDON, à JEPHTÉ.

SEigneur, nos ennemis menacent nos rivages;
Les flots ne sont pour eux que de foibles remparts;
Fiers de leurs premiers avantages,
Ils nous prêssent de toutes parts.
Tout le camp est troublé, tout s'allarme, tout tremble;
On ne voit plus que chefs & que soldats épars.

JEPHTÉ, à ABDON.

Ciel! c'est assés: allés; que sous mes étendarts
La Trompette-sacrée, à l'instant, les rassemble.

SCENE VII.

JEPHTÉ, seul.

QU'ai je entendu? tout fuit, tout est glacé d'effroi!
Seigneur, arme mon bras de ton pouvoir suprême;
Il y va de ta gloire même;
Jephté ne combat que pour toi.

Eh quoi ? diroient enfin ces peuples de la terre,
Chés qui ton nom terrible eſt cent fois parvenu,
Ce Dieu ſi grand, ce Dieu plus craint que le tonnerre,
Ce Dieu des autres Dieux, qu'eſt-il donc devenu ?
Dieu d'Iſraël, Dieu que j'adore,
Ton zele en ce moment m'embrâſe, me dévore.

Grand Dieu ! ſois attentif au ſerment que je fais.
Contre tes ennemis, ſi je ſoûtiens ta gloire,
Le premier qu'à mes yeux offrira mon palais,
Sera ſur tes autels le prix de ma victoire :
Je jure de te l'immoler ;
C'eſt à toi de choiſir le ſang qui doit coûler.

(*Les flots du Jourdain ſe ſéparent.*)

Que vois-je ? quel heureux préſage !
Le Ciel a reçu mon ſerment ;
Jourdain, c'eſt pour répondre à mon empreſſement,
Qu'au-travers de tes flots tu m'ouvres un paſſage.

(*L'Armée ſe raſſemble auprès de* JEPHTÉ, *au ſon des Trompettes ; &* JEPHTÉ *à la tête des Iſraëlites, pâſſe le Jourdain, pour aller combattre les Ammonites.*)

FIN DU PREMIER ACTE.

ACTE SECOND.

Le Théâtre represente le Palais de JEPHTÉ.

SCENE PREMIERE.

AMMON, ABNER.

ABNER.

SEIGNEUR, tous les moments sont chers;
La Tribu d'Éphraïm a brisé votre chaîne;
Les chemins sont encore ouverts;
Hâtés-vous, prévenés votre perte certaine;
Quittés ce dangereux séjour.

AMMON.

Puis-je quitter des lieux où m'attache l'Amour.

ABNER.

Quoi! cette âme si fiere, à l'Amour est soûmise?

AMMON.

Eh ! quel cœur peut tenir contre un regard d'Iphise ?

ABNER.

La fille de Jephté !

AMMON.

Je sais qu'un Dieu cruël
A son himen me défend de prétendre,
Et met entre nos cœurs un obstacle éternel.

ABNER.

Ah ! fuyés donc, sans plus attendre.

Vous êtes libre dans ces lieux,
Tandis que du Jourdain le malheureux rivage
Est encore innondé du plus affreux ravage ;
Mais enfin si Jephté revient victorïeux,
Craignés la mort, ou l'esclavage.

AMMON.

Je n'attends en ces lieux qu'un suplice éternel ;
Mais l'esclavage, la mort même
N'a rien pour moi de si cruël,
Que l'absence de ce que j'aime.

Non,

Non, dûssé-je périr, rien ne peut m'ébranler.
Je vois la beauté que j'adore ;
Il est tems de lui révéler
Le feu secret qui me dévore.
Pour la premiere fois, je commence à trembler.

SCENE II.

AMMON, IPHISE.

IPHISE, à part.

Je vois Ammon, évitons sa présence.

AMMON.

Vous me fuyés !

IPHISE.

Eh ! ne le dois-je pas ?
La révolte & le crime accompagnent vos pas ;
Vous bannissés des cœurs la paix & l'innocence.

AMMON.

Calmés vos injustes rigueurs :
Si l'on doit mériter un couroux implacable,
Pour troubler le repos des cœurs,
Qui de nous est le plus coupable ?

IPHISE.

Téméraire, arrêtés !

AMMON.

Non, non ; jusqu'à ce jour,
Pour garder un cruël silence,
Je n'ai fait à mon cœur que trop de vïolence ;
Je n'y puis plus long-tems renfermer tant d'amour.

IPHISE.

Grand Dieu ! ton ennemi m'ôse dire qu'il m'aime ;
Et je soûtiens encor sa présence en ces lieux ?

AMMON.

Et quoi ? de vous aimer je fais mon bien suprême,
Et je vous deviens odïeux !

IPHISE.

Vous attaqués nos loix, nos peuples, ma famille,
Mon Dieu même, ce Dieu que je dois redouter....
Hélas ! si sur le pere il punissoit la fille,
Du crime de vous écouter....
Fuyons.

AMMON.

C'en est donc fait, nul espoir ne me reste !

IPHISE.

Non, non, n'arrêtés point mes pas.

AMMON.

Grands Dieux !

IPHISE.

Ne les reclâme pas
Ces Dieux que je déteste.

AMMON.

Le Dieu que vous servés fut autrefois le mien ;
Mais ce Dieu, pour-jamais, nous a fermé son Temple :
Dieu cruël ! mon crime est le tien.

IPHISE.

Arrête ; à l'univers crains de servir d'exemple !
Outrage, à ton gré, tes faux Dieux;
Mais au Dieu d'Israël ne livre point la guerre.
Il régit la Terre & les Cieux,
Et sur le sacrilege il lance le tonnerre ;
Tremble ! son bras vengeur est prêt à t'immoler.

AMMON.

Je ne crains que de vous déplaire.

IPHISE.

Sauve-toi de ces lieux.

AMMON

Il faut vous satisfaire.
Mais, dût ce Dieu terrible à vos yeux m'accâbler,

Sa foudre me fait moins trembler
Que l'éclat de votre colere.

SCENE III.

IPHISE, seule.

QU'ai-je entendu ! j'en ai frémi.
Seigneur, suspends sur lui ta foudre vengeresse !
Que dis-je ? ah ! se peut-il que mon cœur s'intéresse,
Pour ton implacable ennemi !

Mes yeux, éteignés dans vos larmes
Des feux qui, dans mon cœur, s'allument malgré moi.

Tu vois mes mortelles allarmes,
Dieu puissant ; j'ai recours à toi :
Pourquoi faut-il, hélas ! que je trouve des charmes
Dans un fatal penchant condamné par ta loi ?

Mes yeux, éteignés dans vos larmes
Des feux qui, dans mon cœur, s'allument malgré moi.

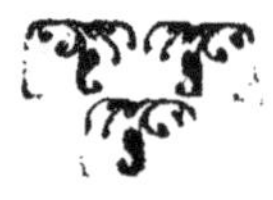

SCENE IV.

ALMASIE, IPHISE.

ALMASIE.

MA fille, je ſuccombe à ma frayeur mortelle.

IPHISE.

Vous craignés les malheurs d'une guerre cruëlle ?

ALMASIE.

Je crains le céleſte couroux :
Il eſt prêt à tomber ſur nous.

IPHISE.

O Ciel !

ALMASIE.

Un ſonge affreux m'épouvante & me glace ;
Heureuſe, ſi l'horreur n'en étoit que pour moi !
Mais, hélas ! c'eſt toi qu'il menace.

IPHISE.

Moi ?

ALMASIE.

Par mon tendre amour juge de mon effroi.

A-peine, de ſes voiles ſombres,
La nuit avoit couvert les Cieux;
Un nüage éclatant s'eſt offert à mes yeux;
Il brilloit ſur tes pas, tel qu'au milieu des ombres,
Il guidoit autrefois Moïſe & nos ayeux.
Je m'applaudiſſois du préſage:
Vain eſpoir! préſage plus vain!
Tout-à-coup du fatal nüage:
Un éclair entr'ouvre le ſein;
Tout m'annonce un affreux orage:
J'entends gronder la foudre; elle part; je la voi.
Je vole à ton ſecours, & ne crains que pour toi.
Mon réveil, à mes yeux, a dérobé le reſte;
Mais puis-je trop frémir d'un ſonge ſi funeſte?

IPHISE, à part.

Ciel! j'entends mon arrêt; venge-toi; j'y conſens.

ALMASIE.

Hélas!

IPHISE.

Quel ſoûpir vous échappe
Adorés le Dieu qui me frappe;
Mes jours lui ſeroient chers, s'ils étoient innocents.

ALMASIE,

Quoi! vous feriés du Ciel la coupable victime?

IPHISE.

Quand le Ciel est armé, peut-on être sans crime?

ENSEMBLE.

Maître des vastes Cieux, Dieu vivant, Dieu jaloux;
Sur de foibles rôseaux pourquoi déployés-vous
Tout l'éclat de votre puissance?
Cet amas de sable mouvant
Que dissipe un souffle de vent,
Est digne de pitié, plûtôt que de vengeance.
Maître des vastes Cieux, Dieu vivant, Dieu jaloux;
Sur de foibles rôseaux pourquoi déployés-vous
Tout l'éclat de votre puissance?

SCENE V.

ALMASIE, IPHISE, ABDON.

ALMASIE.

JE vois Abdon, que vient-il m'annoncer ?

ABDON.

La victoire.

ALMASIE & IPHISE.

O Ciel !

ALMASIE.

Puisse la main qui nous comble de gloire,
N'avoir jamais sur nous que des biens à verser !
(*Bruit d'Instruments.*)
Mais quels concerts se font entendre ?

ABDON.

Le bruit de nos succès, que je viens de répandre,
Rassemble nos peuples heureux.

ALMASIE.

Iphise, à mon défaut, présidés à leurs jeux ;
Un saint devoir m'appelle au Temple.

IPHISE.

J'y porterai bientôt & mes pleurs & mes vœux ;
Puis-je, avec trop d'ardeur, suivre un si bel exemple ?

SCENE

SCENE VI.

IPHISE, ÉLISE, *Troupe d'*HABITANTS *de* MASPHA, *qui arrivent en dansant.*

LE CHŒUR.

O Jour heureux ! o Jour que l'Éternel a fait !
Qu'à son éclat chacun se réjouïsse ;
Que tout Israël applaudisse.
O Jour heureux ! o Jour que l'Éternel a fait !
Nous goûtons un bonheur parfait ;
Chaque instant d'un jour si propice
Est pour nous un nouveau bienfait.
O Jour heureux ! o Jour que l'Éternel a fait !

On danse.

ÉLISE, alternativement avec le CHŒUR.

Notre crainte est bannie ;
Qu'une douce harmonie
S'éleve dans les airs.

Bruit terrible des armes,
Ne troublés plus les charmes
De nos sacrés concerts.

On danse.

ÉLISE,
alternativement avec le CHŒUR.

Tout rit à nos vœux ;
Soyons heureux ;
Chantons ſans-cêſſe :
Favorable Paix,
Dans ces beaux lieux regne, à-jamais.

Que chacun s'emprêſſe
De montrer ſon allegreſſe ;
Plaintes, larmes & ſoûpirs ;
Changés-vous en plaiſirs.

(*Trompettes.*)

UN HABITANT *de* MASPHA.

Le Vainqueur en ces lieux s'avance ;
Marchons, courons le recevoir.

IPHISE, *à part.*

Je ne puis réſiſter à mon impatïence ;
Seigneur, un ſeul moment, je ne veux que le voir,
Et je vole où m'appelle un plus ſacré devoir.

(IPHISE, *ſuivie du Peuple, va au-devant de* JEPHTÉ.)

FIN DU SECOND ACTE.

ACTE TROISIEME.

Le Théâtre repréſente une Place publique, ornée d'Arcs de triomphes.

SCENE PREMIERE.

JEPHTÉ, GARDES.

JEPHTÉ, à ſes Gardes.

ALLÉS, retirés-vous; ne ſuivés point mes pas.
Ciel! j'ai vu ma victime, & ma bouche timide
N'a pu lui prononcer l'arrêt de ſon trépas.
Déteſtable ſerment, où tant d'horreur préſide!

A mon premier devoir je refuſe ma main ;
Grand Dieu ! de ma pitié ne me fais pas un crime ;
Je ne fus que trop inhumain ,
Quand je te promis ta victime.
Hélas ! quelle eût été la rigueur de mon ſort ,
Si dans mon approche cruëlle
Mon épouſe , ou ma fille , avoit trouvé la mort !
Almaſie eſt au Temple , Iphiſe eſt avec elle ;
Ah , j'en frémis encor ! ſans ce devoir pïeux ,
Leur deſtin dépendoit d'un regard de mes yeux.

Triſte victime , o toi , que mon âme attendrie
A laiſſé , par pitié , s'éloigner de ces lieux ;
Quels pleurs tu vas coûter aux auteurs de ta vie ,
S'il faut que je rempliſſe un ferment odïeux !

Mais je vois ma chere Almaſie.

SCENE VII.

JEPHTÉ, ALMASIE.

ALMASIE.

LE Ciel me rend enfin un époux glorieux ;
Tout céde au doux transport dont mon âme est saisie.

JEPHTÉ.

Que ce transport m'est cher ! je le sens comme vous ;
Ma tendresse est toûjours la même ;
Mais les soins qu'après soi traîne le rang suprême,
Troublent, en ce moment, le cœur de votre époux.

ALMASIE.

Iphise est encor dans le Temple,
Un saint devoir, à mon exemple,
Aux piés de l'Éternel vient de la prosterner :
Puisse-t-elle pour vous, dans cet heureux asile,
Obtenir cette paix tranquille
Que le monde ne peut donner.

(*IPHISE paroît au fond du Théâtre.*)

SCENE III.

JEPHTÉ, ALMASIE, IPHISE.

JEPHTÉ, à part.

QUel trouble me ſaiſit ! je revois ma victime,
Faut-il la punir de mon crime !

ALMASIE.

Approchés-vous, ma fille.

JEPHTÉ.

O Ciel ! que dites-vous ?
Votre fille !

IPHISE, en s'approchant.

O moment trop doux !
Quelle gloire pour moi d'embraſſer un tel pere !

JEPHTÉ, en reculant.

Je frémis.

IPHISE.

Quel accueil !

ALMASIE.

Quel funeſte couroux !

IPHISE.

Votre préſence m'eſt ſi chere;
Pourquoi détournés-vous les yeux?

JEPHTÉ.

Je devrois les fermer à la clarté des Cieux.

IPHISE.

O mon pere, envers vous de quoi ſuis-je coupable?
Ai-je, à vos yeux, montré trop peu d'amour?
Au bruit de votre heureux retour,
J'ai volé la premiere.

JEPHTÉ.

Ah! c'eſt ce qui m'accâble;
Et mon malheur eſt confirmé!

IPHISE.

Votre malheur! parlés; quelle douleur vous prêſſe?
Me reprochés-vous ma tendreſſe?

JEPHTÉ.

Vous ne m'avés que trop aimé.

IPHISE.

Hélas!

JEPHTÉ.

Votre préſence augmente mon ſuplice.
Eloignés-vous.

ALMASIE.

Quelle eſt votre injuſtice !

JEPHTÉ, à ALMASIE.

Otés-moi cet objet; il me perce le cœur.

ALMASIE.

Allés, ma fille, allés m'attendre
Sur ces bords, où l'on voit le Jourdain ſe répandre.

IPHISE.

J'y vais pleurer mon crime & mon malheur.

SCENE IV.

JEPHTÉ, ALMASIE.

ALMASIE.

AUtant que je l'ai pu, j'ai gardé le ſilence;
Mais il faut éclater, dûſſiés-vous m'en punir;
De ma juſte douleur ſouffrés la violence;
Je ne puis plus la retenir.

JEPHTÉ.

JEPHTÉ.

Votre douleur eſt légitime,
C'eſt votre fille que j'opprime :
Mais je dois lui porter de plus funeſtes coups.

ALMASIE.

Ciel !

JEPHTÉ.

Le Seigneur, dans ſon couroux,
Me la demande pour victime.

ALMASIE.

Pour victime ! ma fille ! o Ciel ! que dites-vous ?
De vos jours & des miens l'eſpérance derniere !
Elle vous fut ſi chere ; elle vous aime.

JEPHTÉ.

Hélas !
Faut-il que cet amour, au-devant de mes pas,
L'ait fait avancer la premiere ;
Il la conduiſoit au trépas.

ALMASIE.

Qu'entends-je ?

JEPHTÉ.

Aux yeux d'un Dieu terrible,
J'avois fait un ſerment horrible,
Et mes premiers regards devoient être mortels.
Ce Dieu s'en eſt vengé ſur ma propre famille.
Entre tous les Hébreux, il a choiſi ma fille
Pour enſanglanter ſes autels.

ALMASIE.

Non, Dieu n'accepte pas un vœu ſi téméraire.
Mais, penſés-vous, Cruël! que nos ſaintes Tribus,
Malgré vos ordres abſolus,
Ne conſerveront pas une fille à ſa mere?
Tout Iſraël lui ſervira de pere,
Puiſqu'enfin vous ne l'êtes plus.

JEPHTÉ.

Je ne le ſuis plus!

ALMASIE.

Non, Barbare!
Eh! que lui ſert un nom & ſi tendre & ſi doux,
Lorſque ſur un autel votre main ſe prépare
A verſer tout le ſang qu'elle a reçu de vous?
Non, dans la juſte horreur qui de mon cœur s'empare,

Je ne reconnois plus dans l'auteur de ſes jours
Qu'un ennemi fatal, près d'en trancher le cours.

JEPHTÉ.

Quel tranſport !

ALMASIE.

Ma douleur a trop de vïolence ;
Mais vous devés vous-même approuver ce tranſport.
Ma fille, pendant votre abſence,
Sur votre heureux retour fondoit ſon eſpérance ;
Helas ! vous revenés, pour lui donner la mort !

JEPHTÉ.

Ah ! loin de m'accâbler, ne ſongés qu'à me plaindre ;
De mon ſerment trahi, que n'ai-je point à craindre ?
Je me ſuis impôſé d'indiſpenſables loix ;
Si je ne ſuis barbare, il faut être perfide ;
Et je me vois réduit à l'exécrable choix,
Du parjure, ou du parricide.

ALMASIE.

Ne précipités rien, conſultés l'Éternel.

JEPHTÉ.

Eſperés-vous que ma voix le fléchiſſe ?

ALMASIE.

Puis-je croire que sa justice,
Vous force d'être criminel ?

ENSEMBLE.

Redoutable Dieu des vengeances,
Nos pleurs, contre tes traits, sont nos plus forts remparts ;
Ah ! si dans ta rigueur tu jugeois nos offenses,
Qui pourroit soûtenir un seul de tes regards !

JEPHTÉ.

(*à part.*)

Soûtiens, Dieu tout-puissant, le zele qui m'enflâme.

(*à* ALMASIE.)

Le peuple vient m'offrir un trône glorïeux ;
Laissés-moi dérober ma foiblesse à ses yeux,
Et calmer un moment le trouble de mon âme.

SCENE V.

ALMASIE, seule.

Pompeux apprêts, lieux témoins de ma gloire,
Ah ! pourquoi l'êtes-vous de mes vives douleurs ?

Vous m'annoncés un jour d'éternelle mémoire :
Mais, hélas ! qui le pourroit croire ?
Il me faut arroſer & de ſang & de pleurs
Les plus brillants lauriers que donne la victoire.

Pompeux apprêts, lieux témoins de ma gloire,
Ah ! pourquoi l'êtes-vous de mes vives douleurs ?

Équitable Vengeur des crimes de la terre,
Les fiers enfants d'Ammon s'élevent juſqu'aux Cieux ;
Frappe, lance tes traits ; fais tomber ton tonnerre
Sur les mortels audacïeux
Qui t'ôſent déclarer la guerre !
(Bruit de Trompettes.)
Quel bruit ! fuyons. Grandeur, trône, ſuprême rang,
Faut-il vous payer de mon ſang ?

SCENE VI.

JEPHTÉ, PHINÉE, ÉLISE, CHEFS *des Tribus, & leur* SUITE.

PHINÉE.

PEuples, que le Ciel a fait naître
Pour commander un jour aux plus ſuperbes rois,

Reconnoiſſés Jephté pour votre maître;
Couronnés ſes heureux exploits.

Toi, qui d'un ſeul de tes regards
Renverſes les remparts,
Grand Dieu, reçois ces armes & ces dards,
Reçois ces ſanglants étendards :
Nous les tenons de la victoire,
Nous les conſacrons à ta gloire.

JEPHTÉ, PHINÉE & LE CHŒUR.

Toi, qui d'un ſeul de tes regards, *&c.*

PHINÉE.

Pour le vainqueur, ſignalés votre zele;
Il fait le bonheur de ces lieux :
Célébrés ſa gloire immortelle;
Que ſon nom vole juſqu'aux Cieux.

LE CHŒUR.

Pour le vainqueur, ſignalons notre zele;
Il fait le bonheur de ces lieux, *&c.*

On danſe.

ÉLISE, alternativement avec le CHŒUR.

Que nos chants dans les airs retentiſſent.
Loin de nous, ſoins fâcheux;
La paix vient combler nos vœux.

LE CHŒUR.

Que nos chants, *&c.*

ÉLISE.

Il eſt tems que nos craintes finiſſent:
Nos plus fiers ennemis
Sont, pour-jamais, ſoûmis.

LE CHŒUR.

Que nos chants, *&c.*

ÉLISE.

Qu'en ces lieux
Les concerts des Cieux
A nos voix s'uniſſent.
Chantons-tous, chantons, à-jamais,
Le Dieu qui nous rend l'aimable paix.

LE CHŒUR.

Que nos chants, *&c.*

PETIT-CHŒUR.

Que nos bois s'embelliſſent
Dans un jour ſi beau;
Que nos champs fleuriſſent;
Que tout ſoit nouveau.

GRAND-CHŒUR.

Que nos chants dans les airs retentiſſent.

Loin de nous, ſoins fâcheux ;
La paix vient combler nos vœux.

PHINÉE.

Jephté, ſi tu veux qu'on te craigne,
La crainte du Seigneur doit régler tes projèts.
Ce n'eſt pas toi, c'eſt Dieu qui regne ;
Sois le premier de ſes ſujèts.
Grave au fond de ton cœur ſa parole éternelle ;
Tiens, ſans-cèſſe, tes yeux attachés à ſa Loi ;
Dans ſes ſerments il eſt fidele ;
Ne lui manque jamais de foi.

JEPHTÉ, à PHINÉE.

Ah ! du Maître des rois, j'entends la loi ſuprême ;
Par votre bouche il s'explique lui-même.

PHINÉE.

Quel trouble vous ſaiſit !

JEPHTÉ.

O mortelle douleur !
Malheureux pere ! hélas !

PHINÉE.

Quel funeſte langage !

JEPHTÉ.

Je ſerai fidele au Seigneur ;
N'en demandés pas davantage.

FIN DU TROISIEME ACTE.

ACTE

ACTE QUATRIEME.

Le Théâtre représente une Campagne arrôsée par des ruisseaux.

SCENE PREMIERE.

IPHISE, seule.

RUISSEAUX qui serpentés sur ces fertiles bords,
Allés, loin de mes yeux, répandre les trésors
Qu'on voit couler avec votre onde :
Dans le cours de vos flots, l'un par l'autre chassés,
Ruisseaux, hélas ! vous me tracés
L'image des grandeurs du monde.

Ruisseaux qui serpentés, &c.

Le Ciel me rend un pere ; il eſt victorïeux ;
Après une abſence cruëlle,
Pour la premiere fois, je le vois en ces lieux :
Mais, que me ſert l'éclat de ſa grandeur nouvelle ?
Il me bannit loin de ſes yeux.
(On entend une ſimphonie champêtre.)

SCENE II.

IPHISE, ÉLISE.

ÉLISE.

LEs habitants de ces belles retraites,
Viennent faire éclater l'ardeur qu'ils ont pour vous,
Au ſon charmant de leurs muſettes.

IPHISE.

Bergers, que votre ſort eſt doux !
Vous êtes plus heureux que nous.

SCENE III.

IPHISE, ÉLISE, *Compagnes d'*IPHISE, *Troupes de* BERGERS *& de* BERGERES, *qui entrent en dansant.*

ÉLISE, *alternativement avec le* CHŒUR.

Nous vivons dans l'innocence ;
Quel bonheur a plus d'attraits !
Nous avons la jouïssance
Des vrais biens, des biens parfaits ;
Sans l'éclat de la naissance,
C'est pour nous qu'ils semblent faits.

On danse.

ÉLISE, *alternativement avec le* CHŒUR.

Que tout brille en ce boccage ;
Ce gâson, ces fruits, ces fleurs ;
Que tout rende un tendre hommage
A qui regne sur nos cœurs.

On danse.

Des oiseaux le doux ramage
Nous enchante en ces lieux :
Tout y rend un juste hommage
Au plus cher présent des Cieux.

On danse.

IPHISE.

J'aime à voir vos soins empressés ;
Mais à l'Auteur de la nature
Vos chants doivent être adressés ;
Ces fruits, ces fleurs, cette verdure,
Tout appartient à ce suprême Roi ;
Il en demande les prémices :
Pour attirer sur vous des regards plus propices,
Immolés-lui vos cœurs, c'est sa premiere loi ;
Puissiés-vous, dans vos sacrifices,
Être plus fideles que moi !

LE CHŒUR.

Que le ciel, que la terre & l'onde
Chantent les bienfaits du Seigneur ;
Que tout annonce la grandeur
Du Dieu qui fait le sort du monde :

Chantés, oiſeaux, ſecondés-nous ;
Ses ſoins deſcendent juſqu'à vous.

SCENE IV.

ALMASIE, & *les* ACTEURS *de la Scène précédente.*

ALMASIE.

FInissés vos chants d'allegreſſe.

LE CHŒUR.

O Ciel ! d'où vient ce changement !

ALMASIE.

Puiſſiés-vous ignorer le malheur qui nous preſſe !
Bergers, éloignés-vous ; laiſſés-nous un moment.

SCENE V.

ALMASIE, IPHISE, *Compagnes d'*IPHISE, *au fond du Théâtre.*

IPHISE.

QUel malheur ai-je à craindre encore ?

ALMASIE.

Ma fille, ah ! . . .

IPHISE.

Que m'annonce en ce fatal moment,
Ce soûpir, ce gémissement ?
O Ciel ! c'est toi seul que j'implore.

ALMASIE.

Hélas !

IPHISE.

Expliqués-vous : pour qui dois-je trembler ?

ALMASIE.

Je n'ôse te le révéler.

IPHISE.

Que m'apprend ce triste silence !
Mon pere, en ma faveur, ne peut-il s'attendrir ?

ALMASIE.

Au malheureux Jephté ne fais pas cette offense ;
Il t'aime : mais en vain son cœur prend ta défense ;
Rien ne peut te sauver, ma fille : il faut mourir.

IPHISE, *à part.*

Il faut mourir ! hélas ! mon amour est mon crime.

ALMASIE.

Pour prix de nos derniers exploits,
On a promis une victime,
Et le Ciel sur toi seule a fait tomber son choix.

IPHISE.

Ah ! c'est assés m'en faire entendre ;
C'est par ma mort que vous vivés :
Faites dresser l'autel ; je brûle d'y répandre
Un sang qui vous a tous sauvés.

ALMASIE.

Le voilà donc ce sort funeste
Qu'un songe m'a fait pressentir !
La foudre que j'ai vu partir,
M'annonçoit le couroux céleste.

Par le grand-Prêtre & par Jephté,
L'Éternel, à mes yeux, vient d'être consulté.

Que d'horreurs à la fois ! je tremble à te le dire :
Le Ciel gronde ; l'autel, que je vois s'ébranler,
Semble se refuser au sang qui doit coûler ;
Le voile sacré se déchire ;
Le grand-Prêtre, saisi d'effroi,
Jette un sombre regard sur ton pere & sur moi ;
Vers l'Arche redoutable, en tremblant, il s'avance ;
Il l'interroge sur ton sort ;
L'Arche garde un triste silence ;
Et ce silence est l'arrêt de ta mort.

IPHISE.

Par vos soûpirs & par vos larmes,
Du bonheur qui m'attend ne troublés point les charmes ;
Voyés plûtôt, voyés l'éclat du nouveau rang,
Où votre illustre époux monte par sa victoire ;
Et songés que toute sa gloire
Est le prix heureux de mon sang.

ALMASIE.

Grand Dieu, seriés-vous inflexible ?
Auriés-vous, sans retour, ordonné son trépas ?
Non, Seigneur, il n'est pas possible
Que sa vertu ne vous désarme pas.

IPHISE,

IPHISE.

Puiſſe-t-il dans mon ſang éteindre ſa vengeance !

ENSEMBLE.

Seigneur, tout mortel qui t'offenſe,
Doit être accâblé ſous tes coups ;
Mais, près d'éxercer ton couroux,
Reſſouviens-toi de ta clémence.

ALMASIE.

Dieu redoutable, éxauce-nous !
Ma fille, par tes pleurs, obtiens qu'il s'attendriſſe :
Moi je vais retarder le fatal Sacrifice.

SCENE VI.

IPHISE, *Compagnes d'*IPHISE, *au fond du Théâtre.*

IPHISE.

C'En eſt donc fait ; bientôt cette terre, ces cieux,
Ce ſoleil, pour-jamais, tout ſe voile à mes yeux !
Quels pleurs ! Conſolés-vous, mes fideles Compagnes ;
La mort de mes malheurs va terminer le cours.

LE CHŒUR.

Pleurons, levons les yeux vers les ſaintes montagnes,
D'où peut venir notre ſecours.

SCENE VII.

IPHISE, AMMON.

AMMON.

LE ſecours eſt tout prêt.

IPHISE.

Que vois-je ?

AMMON.

Belle Iphiſe.
Le juſte Ciel nous favoriſe ;
La Tribu d'Ephraïm vient de s'armer pour vous.

IPHISE.

Qu'entends-je !

AMMON.

Vous vivrés ; ou nous périrons tous.

IPHISE.

Va, fuis ; tes ſecours ſont des crimes :
Laiſſe au Dieu que je ſers le choix de ſes victimes.

AMMON.

Quel choix ! en l'apprenant ſon peuple en a frémi.
Et vous obéiriés à ce Dieu ſi barbare !

IPHISE.

Va, quelque ſort qu'on me prépare,
Je n'ai que toi ſeul d'ennemi.

AMMON.

Vous croyés que Jephté, que votre Dieu vous aime;
Lorſque ſur un autel ils vont vous immoler !
Sauvés-vous.

IPHISE.

Sauve-moi ſeulement de toi-même ;
Et je n'aurai plus à trembler.

AMMON.

Quel arrêt ! c'en eſt trop ; je ne puis y ſurvivre.
A tout mon dèſeſpoir votre haîne me livre ;
On a juré ma mort, vous ne l'ignorés pas ;
Mon ſang verſé pourra ſuffire
A l'injuſte fureur qui contre vous conſpire ;
Et je vous ſauverai, du-moins, par mon trépas.

IPHISE.

Ah ! Prince, où courés-vous ? qu'allés-vous entreprendre ?
Ce n'eſt pas votre ſang qu'on demande en ces lieux.

AMMON.

Eh! puis-je assés tôt le répandre
Ce sang, qui vous est odieux?

IPHISE.

Hélas!

AMMON.

Vous soûpirés! mon sort vous intéresse!
Ah, suis-je en ce moment au comble de mes vœux?
Belle Iphise, est-ce à moi que ce soûpir s'adresse?
Et, de tous les mortels, suis-je le plus heureux?

IPHISE.

O Ciel!

AMMON.

Vous vous troublés!

IPHISE.

Dis plutôt que je tremble.
Tu me fais entrevoir tous les malheurs ensemble.
Tu vois un Dieu vengeur ordonner mon trépas,
Et, peut-être, punir mes malheureux appas
Du crime de t'avoir su plaire:
Si je pouvois t'aimer, que ne craindrois-je pas!
Je frémirois de sa colere.

AMMON.

C'est trop me cacher mon bonheur;
Aimés-moi, suivés-moi; vous n'avés rien à craindre.

IPHISE.

Moi, t'aimer! moi, te ſuivre! ah! connois mieux
mon cœur.
Si ce cœur malheureux t'avoüoit pour vaînqueur,
Tu n'en ſerois que plus à plaindre.

AMMON.

Non, je n'écoute rien; marchons!

IPHISE.

Que prétends-tu?
Apprends que, pour ſentir une fatale flâme,
Un grand cœur n'eſt pas abbatu;
L'amour peut entrer dans une âme,
Sans trïompher de la vertu.

AMMON.

(*à part.*)

O Vertu qui m'enchante, & qu'en tremblant j'ad-
mire!

(*à* IPHISE.)

Barbare! elle ne prend ſur vous que trop d'émpire,
Mais elle ne vous ſauve pas.
Venés; il faut me ſuivre.

IPHISE.

Arrête, Ammon, arrête!
Je crains moins la mort, qu'on m'apprête,
Que l'horreur de ſuivre tes pas.

AMMON.

Dieux!... Mais ne croyés pas que je vous abandonne.
Qu'il s'arme contre moi, qu'il éclate, qu'il tonne
Ce Dieu, qui vous opprime, & par qui je vous perds!
La vengeance à la main, j'entrerai dans ſon Temple,
Duſſé-je y laiſſer un exemple
Qui faſſe trembler l'univers.

Il ſort.

SCENE VIII.

IPHISE, ſeule.

JE frémis du danger où ſon amour l'engage;
Ah! courons à l'autel, pour prévenir ſa rage.

FIN DU QUATRIEME ACTE.

ACTE CINQUIEME.

Le Théâtre représente le Temple de Maspha. On voit un Autel dressé dans la partie extérieure.

SCENE PREMIERE.

JEPHTÉ, seul.

SEIGNEUR, un tendre pere, à tes ordres soûmis,
Fut prêt à t'immoler son fils ;
Tu vois même tendresse & même obéïssance ;
Ah ! que ne puis-je me flater
D'obtenir la même clemence,
Que pour lui tu fis éclater ?
J'ai fait dresser l'autel, & j'attends la victime ;
Mon cœur frémit du sang que tu vas recevoir ;
Mon sacrifice est un devoir ;
Mais, hélas ! mon serment n'en est pas moins un crime.

SCENE II.

JEPHTÉ, IPHISE.

IPHISE, aux Peuples qui s'oppôsent à son passage.

NOn ; cessés de me retenir.
(*à* JEPHTÉ.)
Seigneur, pardonnés à leur zele ;
Ce Peuple, en me sauvant, croit vous être fidele ;
Et de sa trahison, c'est moi qu'il faut punir.

JEPHTÉ.

Ma fille ! eh, de quel nom ma bouche encor t'appelle,
Quand c'est moi qui t'arrache à la clarté des Cieux ?
Ah ! que tu vas coûter, par ta perte cruëlle,
De soûpirs à mon cœur, & de pleurs à mes yeux !
La source en doit être éternelle.

IPHISE.

Pourquoi ces pleurs, & pourquoi ces soûpirs ?
La mort fait mes plus chers desirs.
Mon pere... ah ! par ce nom, pour moi si plein de charmes,
Et qu'à-peine ma bouche apprend à prononcer,
Calmés vos injustes allarmes ;

Tout

Tout le ſang que je vais verſer
Ne vaut pas une de vos larmes.

JEPHTÉ.

Non, rien ne doit jamais en arrêter le cours :
Tu meurs ! & c'eſt moi qui l'ordonne ?
Le tems, pour ma douleur, eſt un foible ſecours ;
Et cette mort, que je te donne,
Je la recevrai tous les jours.

IPHISE.

C'en eſt trop ; il eſt tems que je vous juſtifie.
Le coup mortel que je reçoi,
Ne doit être imputé qu'à moi ;
Et c'eſt moi qui me ſacrifie.

JEPHTÉ.

Toi ! qu'entends-je ?

IPHISE.

Mon cœur vous doit ces derniers ſoins.
Du céleſte couroux trop coupable victime,
Il faut, par l'aveu de mon crime,
Vous laiſſer un regret de moins.
Un ennemi trop cher, qu'il faut que je déteſte,
A fait naître en mon cœur une flâme ſuneſte ;
Ammon......

JEPHTÉ.

Ah, le Perfide ! il en perdra le jour !

IPHISE.

Hélas !

JEPHTÉ.

Quoi ? tu le plains !

IPHISE.

Dieu puiſſant, que j'implore,
Pardonne ce ſoûpir encore ;
Et fais-moi trïompher d'un malheureux amour.

JEPHTÉ.

Ciel ! fais grâce à ma fille, & me prends pour victime !

IPHISE.

Vous, Seigneur ! je frémis d'effroi :
Eſt-ce à vous d'expïer mon crime ?

ENSEMBLE.

Mes cris s'élevent juſqu'à toi,
Dieu vengeur, c'eſt moi qui t'offenſe ;
En puniſſant le crime, épargne l'innocence ;
Er ſi tu dois frapper, ne frappe que ſur moi.
(Bruit de Guerre.)

JEPHTÉ, à IPHISE.

Quel bruit affreux !... Entrés.

CHŒUR de REBELLES.

Qu'on nous ouvre un passage!

JEPHTÉ.

Dieu vengeur, pourras-tu souffrir
Que jusqu'à tes autels Ammon porte l'outrage ?

SCENE III.

JEPHTÉ, *Troupe de* PRÊTRES *& de* LÉVITES, AMMON, *& sa* SUITE.

CHŒUR de PRESTRES, & de LÉVITES.

GRand Dieu ! daigne nous secourir.

CHŒUR de REBELLES.

Que rien n'arrête notre rage ;
Qu'on nous ouvre un passage !

JEPHTÉ.

Je verrois du Seigneur le saint Temple forcé !
A l'honneur de son choix il faut que je réponde ;
Courons.

SCENE IV.

PHINÉE, *& les* ACTEURS *de la Scène précèdente.*

PHINÉE, à l'entrée du Sanctuaire.

OU'entreprends-tu? l'Éternel offensé
A-t-il besoin qu'un mortel le seconde?
D'un seul de ses regards tout sera terrassé;
Tout sera mis en cendre.
Le Ciel s'ouvre; j'en vois descendre
Le Ministre de sa fureur;
Malheureux, frémissés d'horreur!

JEPHTÉ, PHINÉE & LE CHŒUR.

Esprit de feu, lance la foudre,
Venge ton Dieu, sers son couroux;
Réduits ses ennemis en poudre!
Mais, sur des cœurs soûmis, ne porte pas tes coups.
(*La foudre tombe sur* AMMON, *& sur sa* SUITE)

CHŒUR de REBELLES.

Ciel! o Ciel! nous périssons tous.

JEPHTÉ.

Seigneur, puisse leur sang suffire à ta vengeance!

PHINÉE.

Tremble ! la victime s'avance.

CHŒUR de LÉVITES.

Favorable & terrible jour,
Du Seigneur des Seigneurs annonce la puissance.
Il fait éclater sa vengeance ;
Mais ce n'est qu'après son amour.

SCENE DERNIERE.

ALMASIE, JEPHTÉ, IPHISE, PHINÉE, *Troupe de* PRÊTRES *&* *de* LÉVITES.

ALMASIE.

ENfin, Temple sacré, je puis te voir encore ;
De prophanes mortels ne t'environnent plus ;
L'Ange exterminateur les a tous confondus.
Dieu puissant, qu'Israël adore,
Acheve, éxauce-nous !.. Mais qu'est-ce que je voi !
Ma fille, cet autel est-il dressé pour toi ?

JEPHTÉ.

O pere malheureux ! o déplorable mere !

LE CHŒUR.

O pere malheureux ! o déplorable mere !

ALMASIE.

Qu'entends-je ? quels regrets ? qu'ils allarment mon cœur !
Tout parle ici de mon malheur.
N'as-tu point mis, grand Dieu, de terme à ta colere ?
Hélas ! aucun eſpoir ne m'eſt-il plus permis ?
Ton redoutable bras, ſous ton brûlant tonnerre,
A fait tomber tes ennemis ;
Mais pourquoi livres-tu la guerre
A des cœurs qui te ſont ſoûmis ?

PHINÉE.

Quel reproche ! eſt-ce ainſi qu'on ſuſpend la vengeance,
D'un Dieu juſtement irrité ?
Par une promte obéïſſance,
Méritons que ſon cœur reprenne ſa bonté.
Que la victime approche ; il eſt tems qu'on répande
Le ſang que le Seignenr demande.

LE *CHŒUR.*

Favorable & terrible Jour,
Du Seigneur des Seigneurs annonce la puiſſance.
Il fait éclater ſa veng:ance ;
Mais ce n'eſt qu'après ſon amour.

IPHISE, à l'autel.

Je meurs ; mon ſort eſt trop heureux.
Si j'ai trahi le Ciel par de coupables feux,
La gloire de ma mort en ſecret me conſole :
Grand Dieu ! je deſcends au tombeau ;
Mais j'y porte un cœur tout nouveau,
C'eſt à vous ſeul que je l'immole.

PHINÉE.

Quel funeſte appareil ! quel autel ! quelle offrande !
Quel ſacrificateur ! ah, d'horreur j'en frémis !
Malheureux pere, approche ; & que ta main répande
Le ſang que ton cœur a promis.

JEPHTÉ.

Moi ! je ſerois aſſés barbare !

PHINÉE, en lui préſentant le ſacré couteau.

Tiens, frappe.

JEPHTÉ.

Hélas !

ALMASIE.

Ah, cruëls, arrêtés !
Dans quel gouffre d'horreurs vous me précipités !

PHINÉE.

Mais quel effroi de mon âme s'empare ?
Quel bruit ? tout frémit comme moi !
Le Dieu qui fait trembler & le ciel & la terre,
Tel qu'au mont Sinaï, par la voix du tonnerre
Va t-il faire entendre sa loi ?
Écoutons.... Quel bonheur ! il me parle, il m'inspire ;
Je le vois qui suspend le trait prêt à partir ;
C'en est fait, sa colere expire :
(*à* IPHISE.)
C'est le prix de ton repentir.

JEPHTÉ, ALMASIE, IPHISE, *avec* LE CHŒUR.

Du plus beau de nos jours consacrons la mémoire :
Tendres vœux, doux transports, sans-cesse renaissants,
De nos cœurs enflâmés volés, comme l'encens,
Jusqu'au trône du Roi de gloire.

FIN.

APPROBATION.

J'Ai lu, par ordre de Monseigneur le Chancelier, une réimpression de la *Tragédie de* JEPHTÉ, dont le succès a été confirmé par les suffrages du Public. Fait à Paris, le 5 Décembre 1760.

DE MONCRIF.

www.ingramcontent.com/pod-product-compliance
Lightning Source LLC
LaVergne TN
LVHW012353220826
846092LV00002B/537

9782329692753